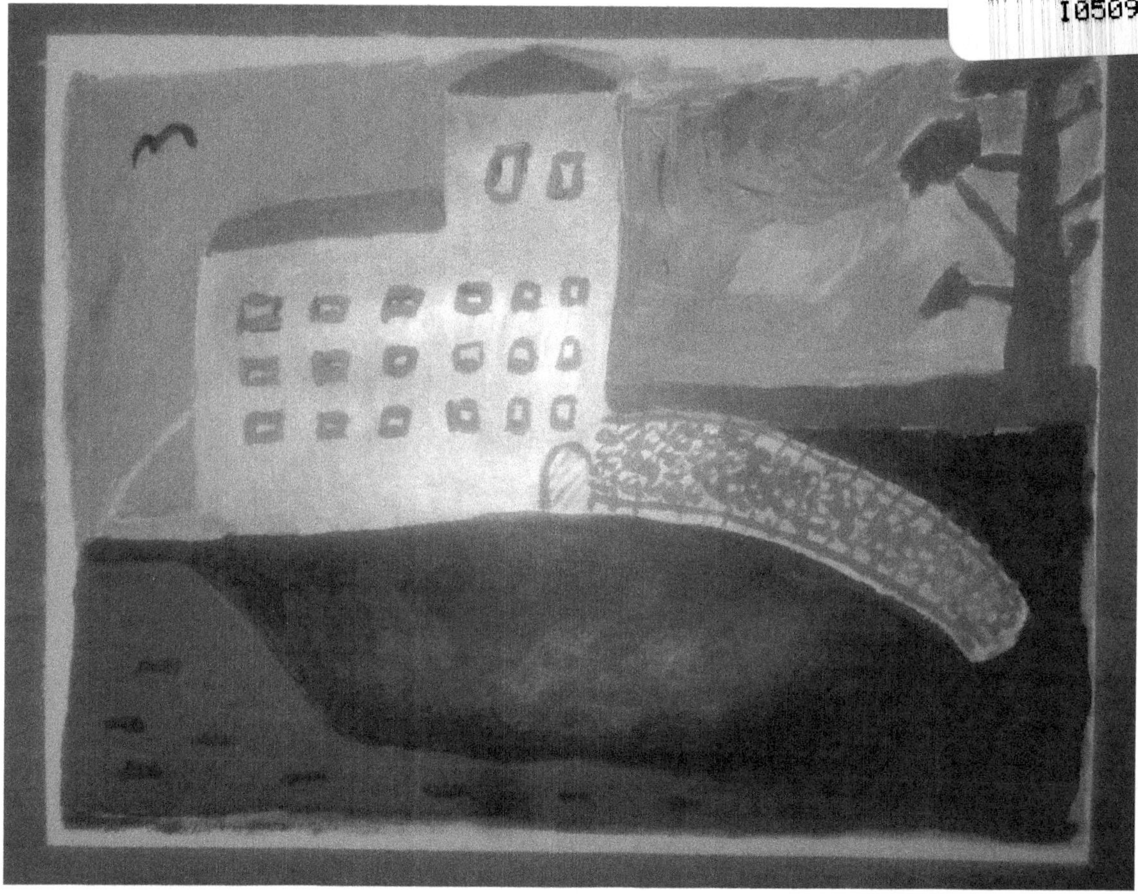

Die Burg

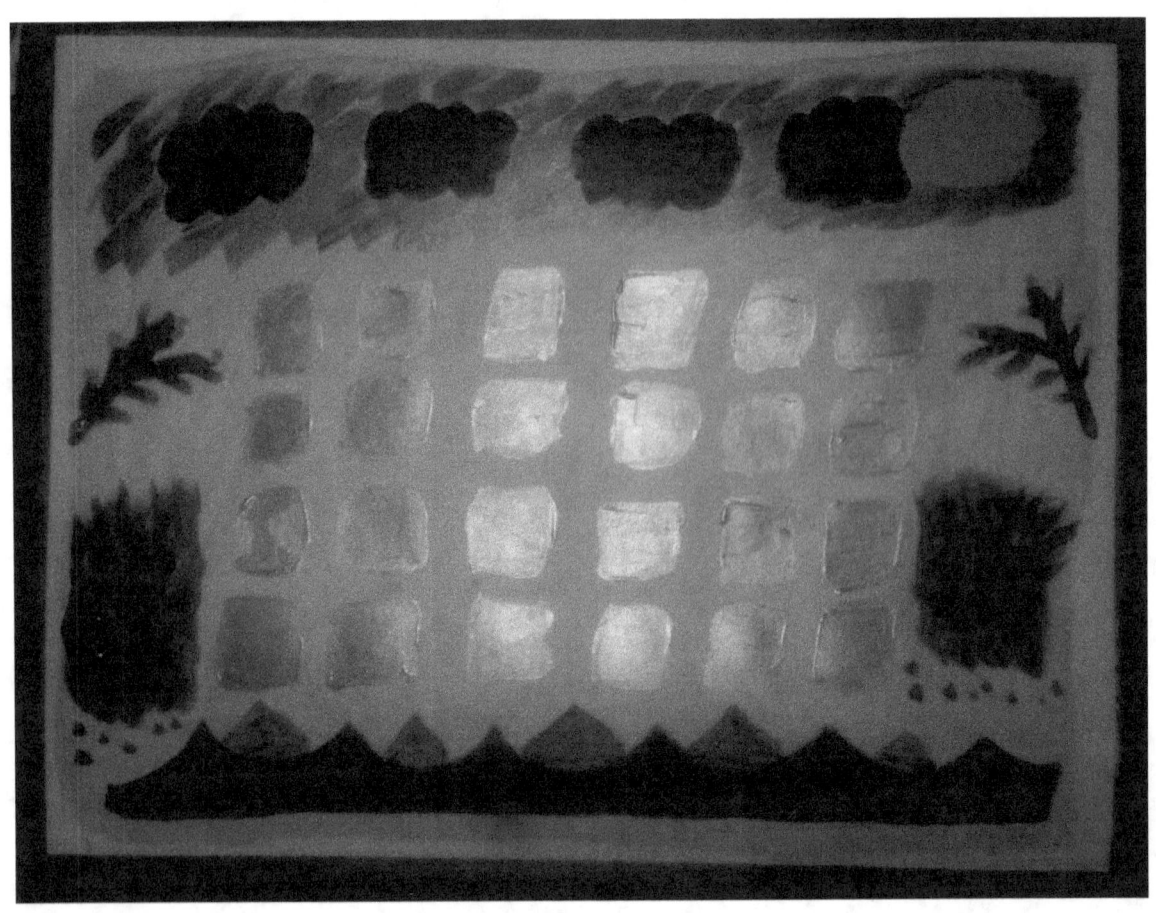

Gold und Haie

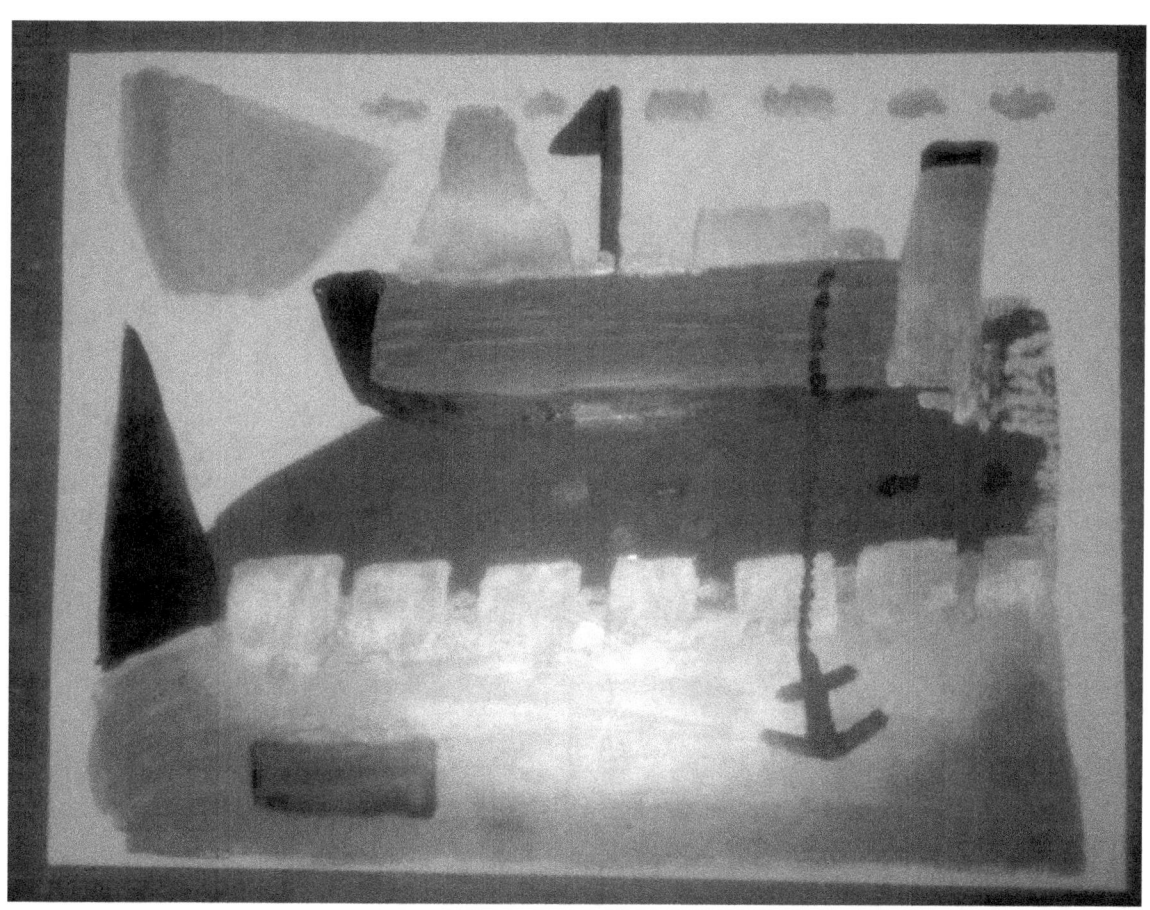

Schatzfund

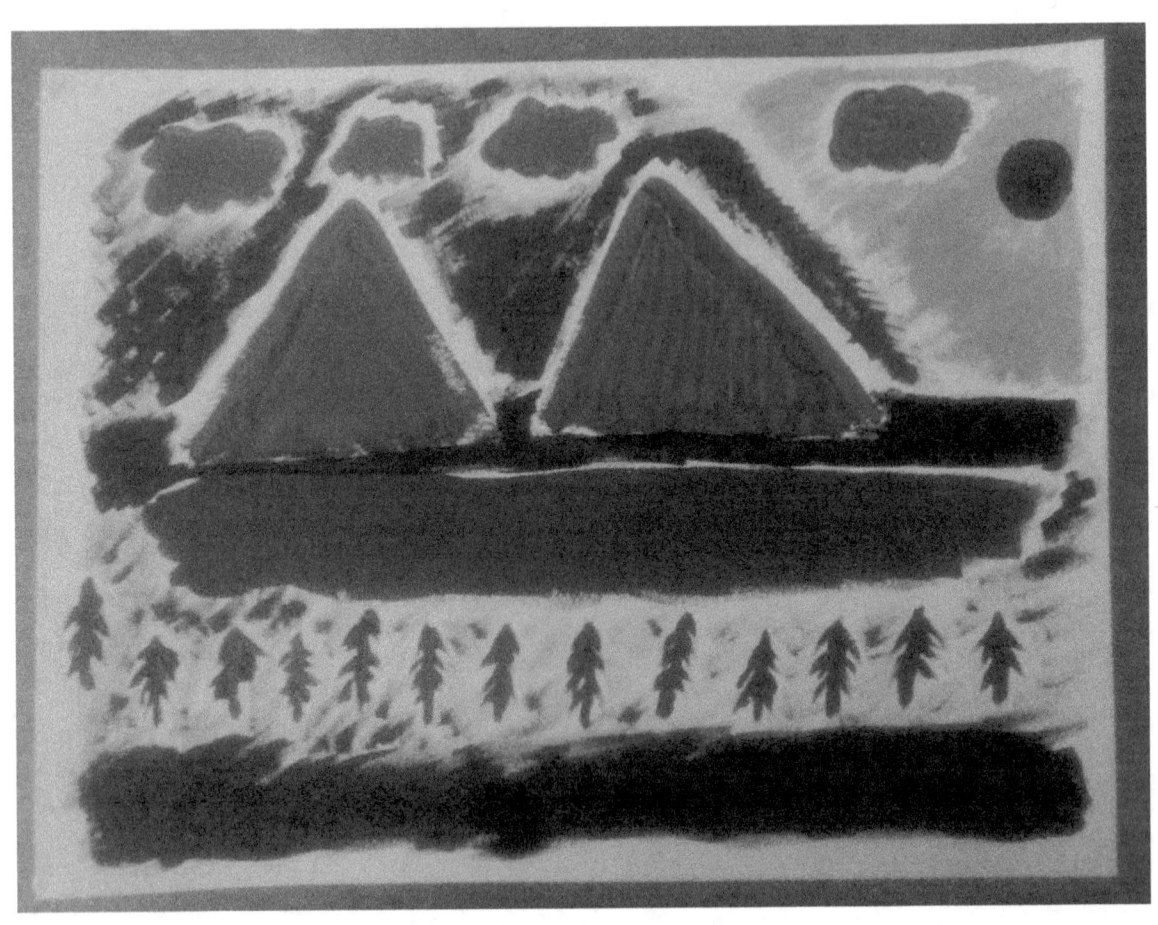

Heiterwanger See

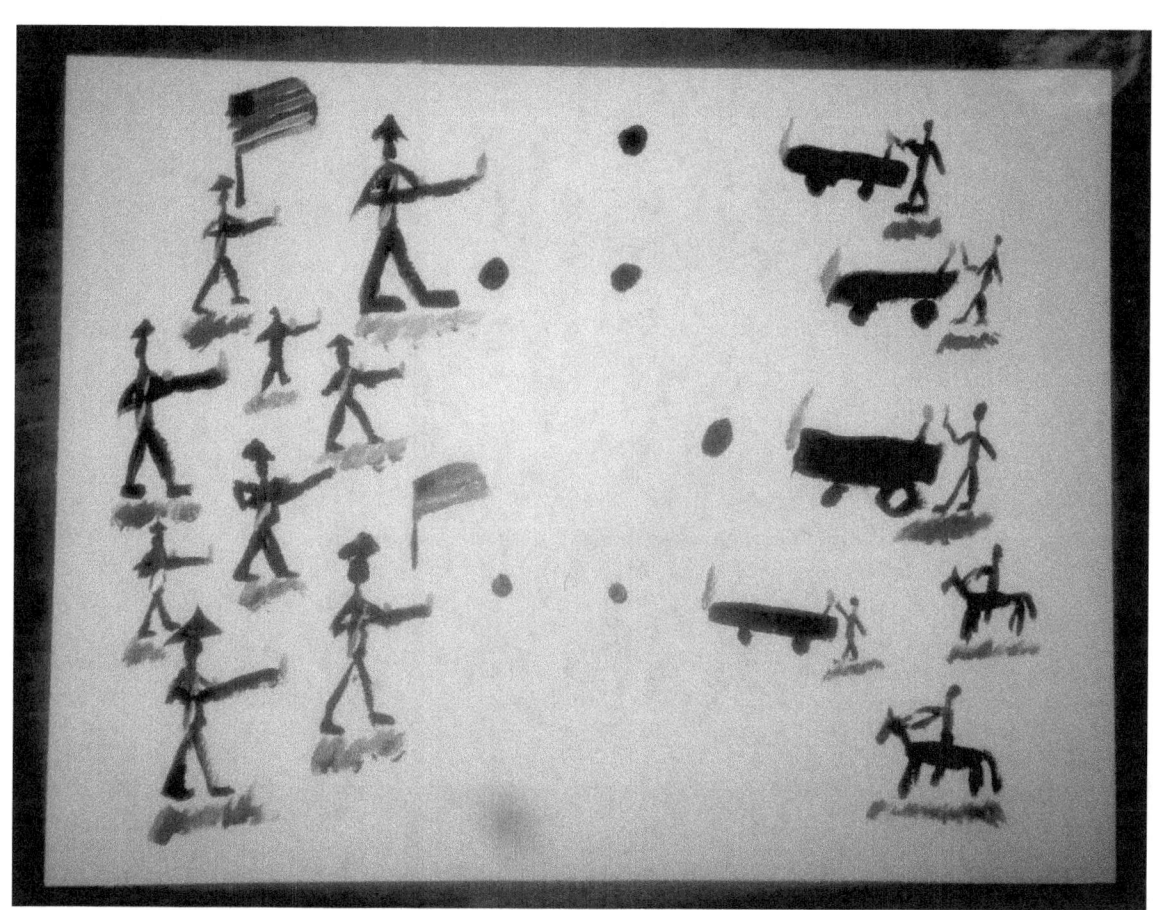

Krieg

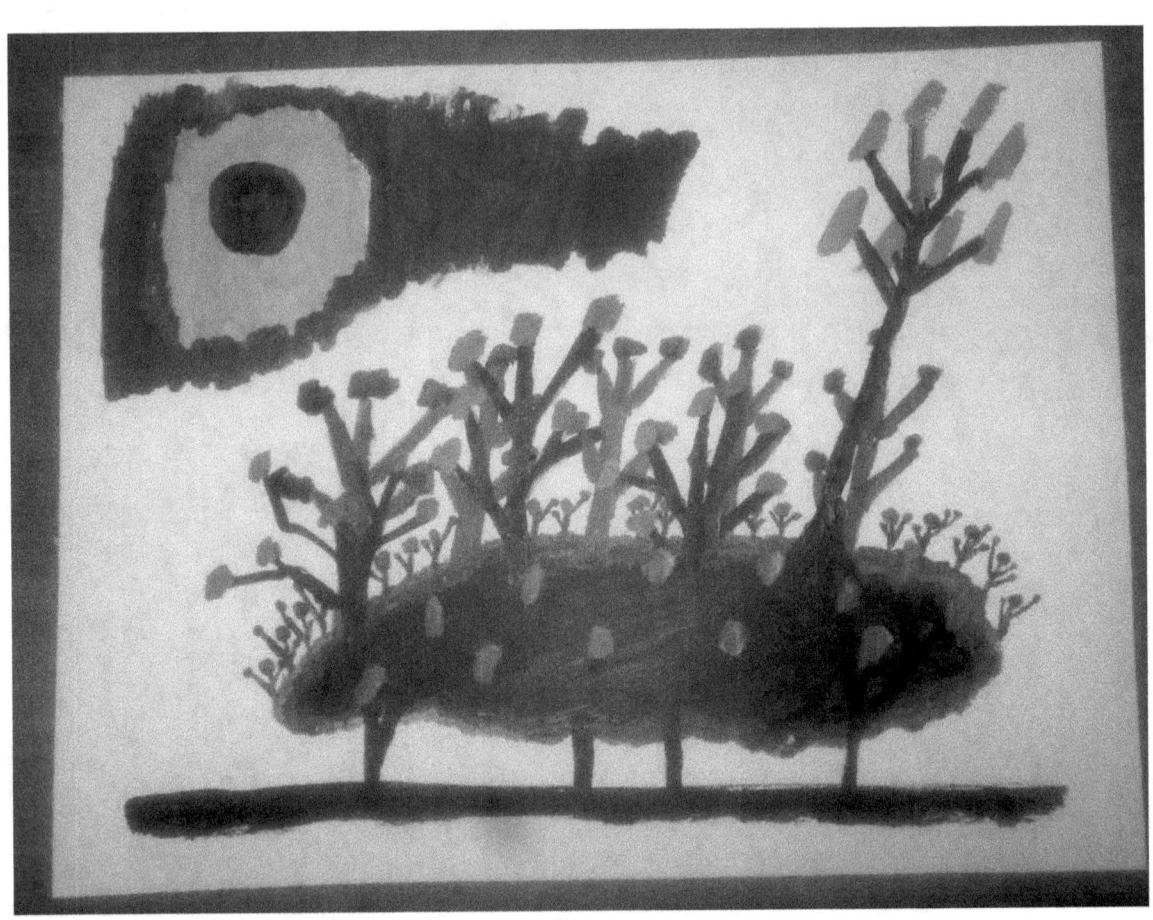

Pflanzen

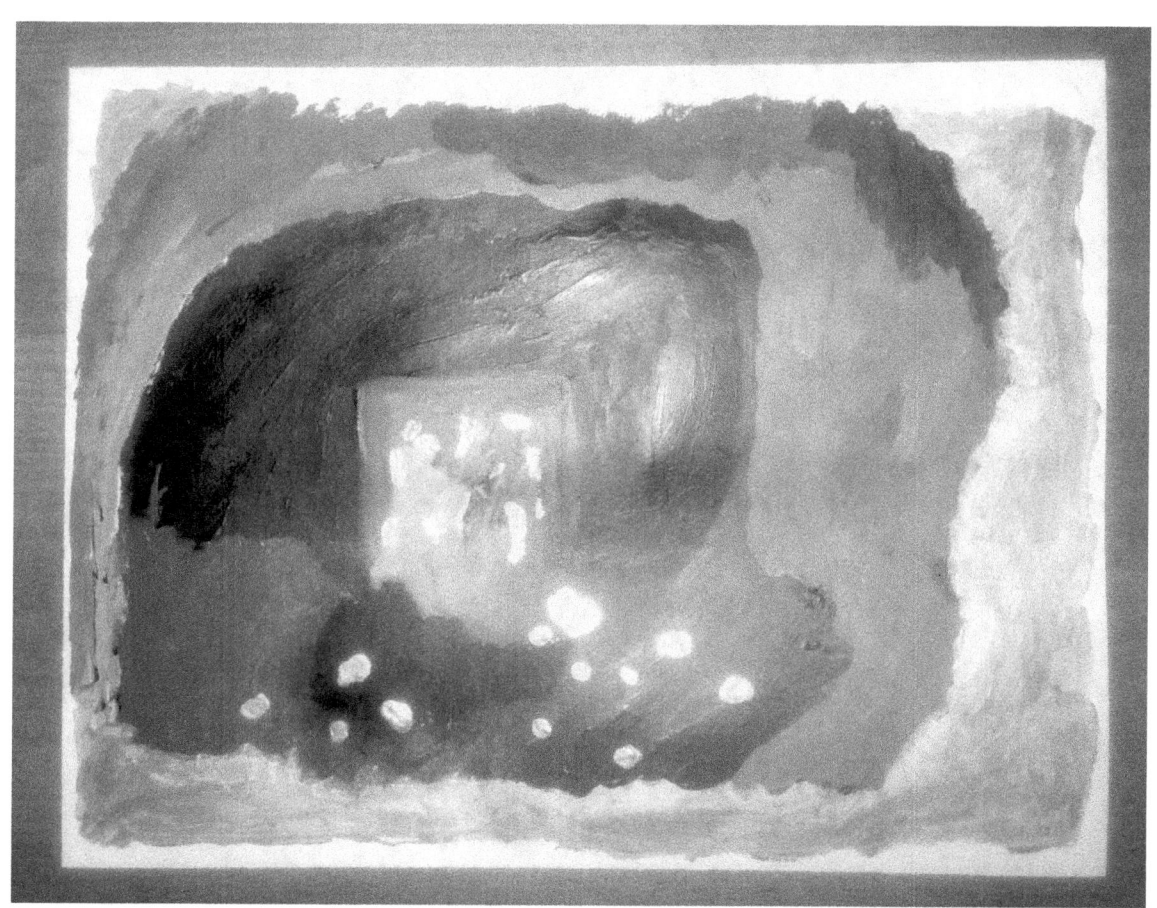

Die Goldmine

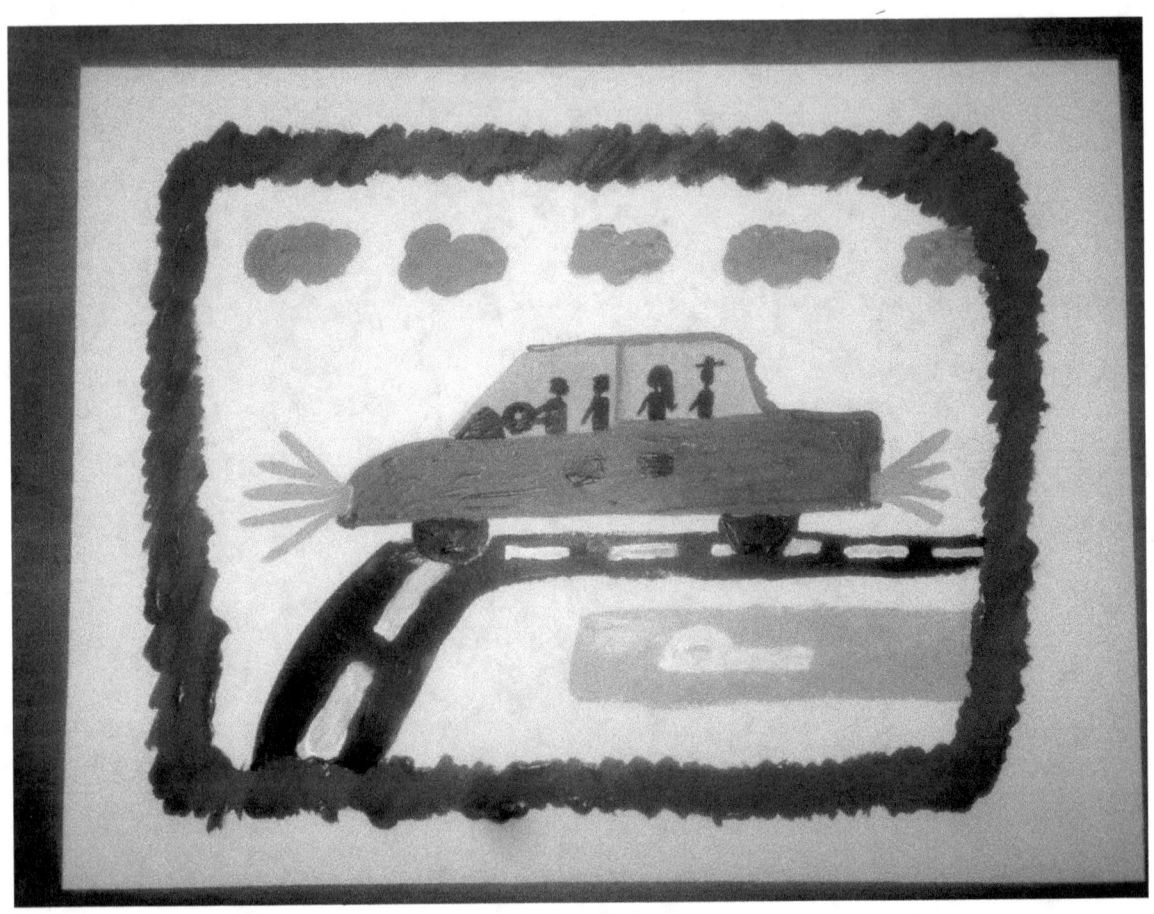

Das Auto

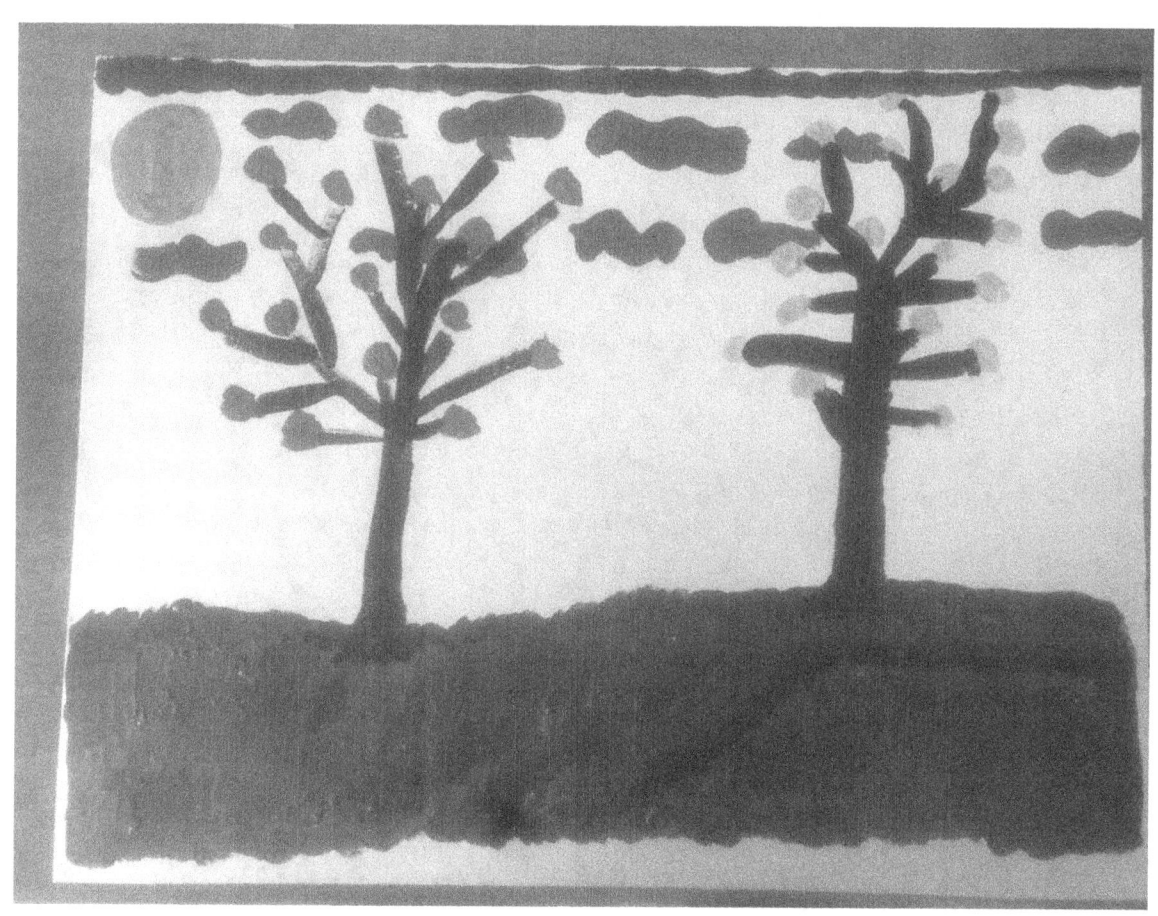

Die Welt

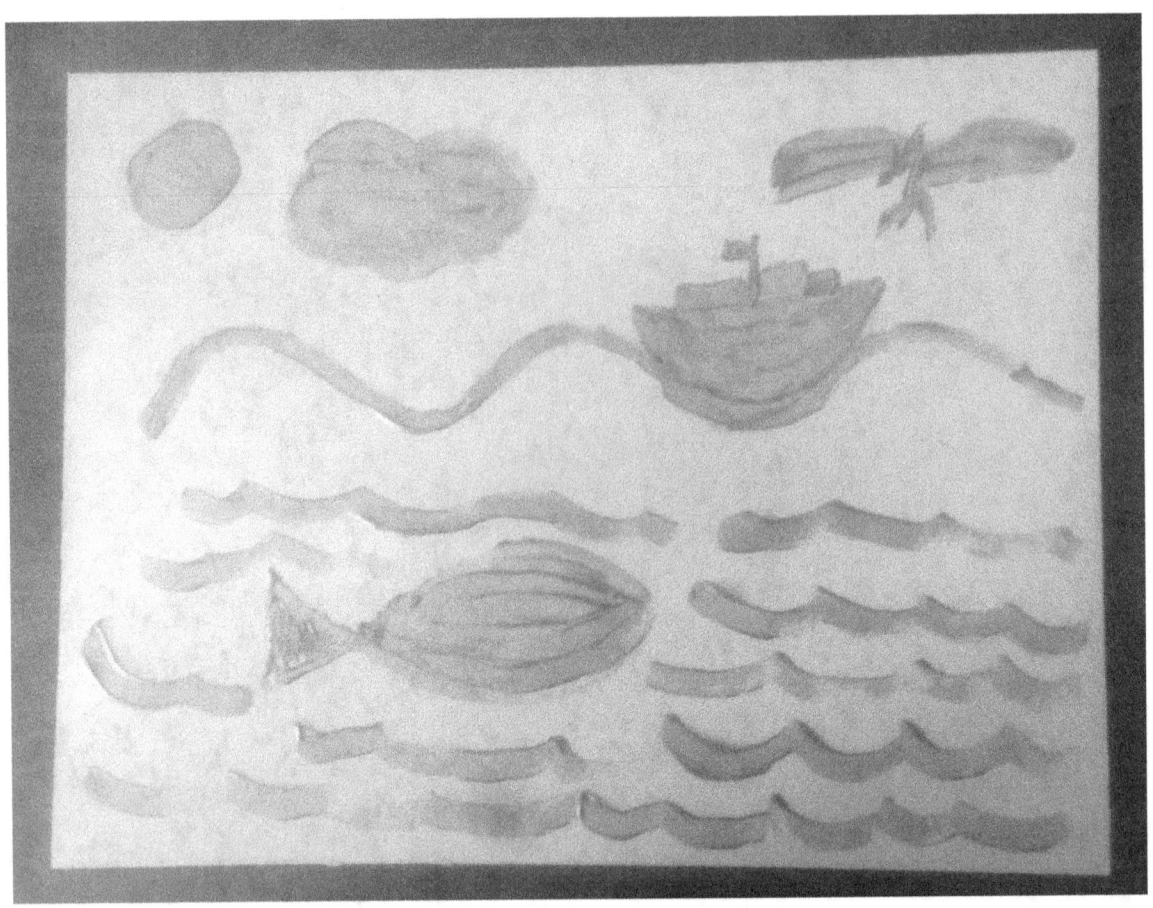

Gold

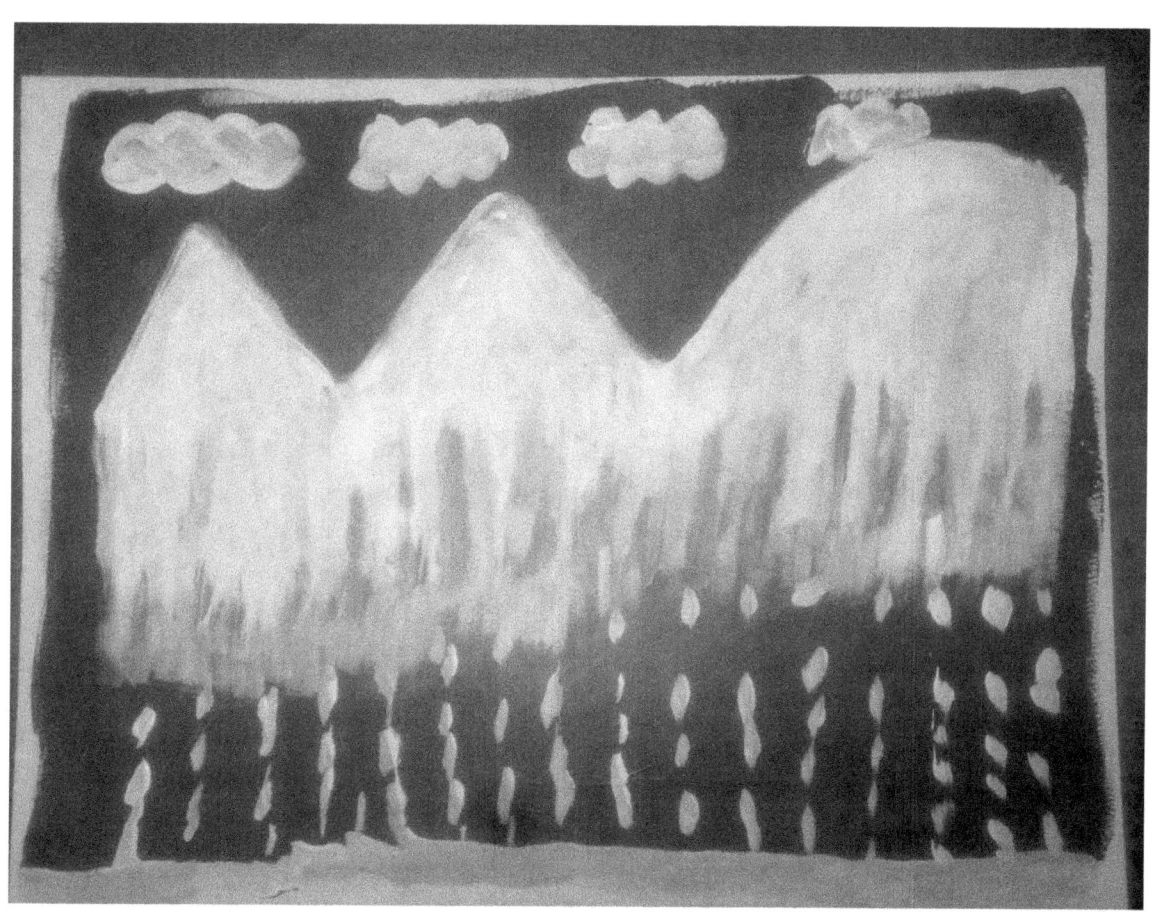

Verwitterung und Erosion

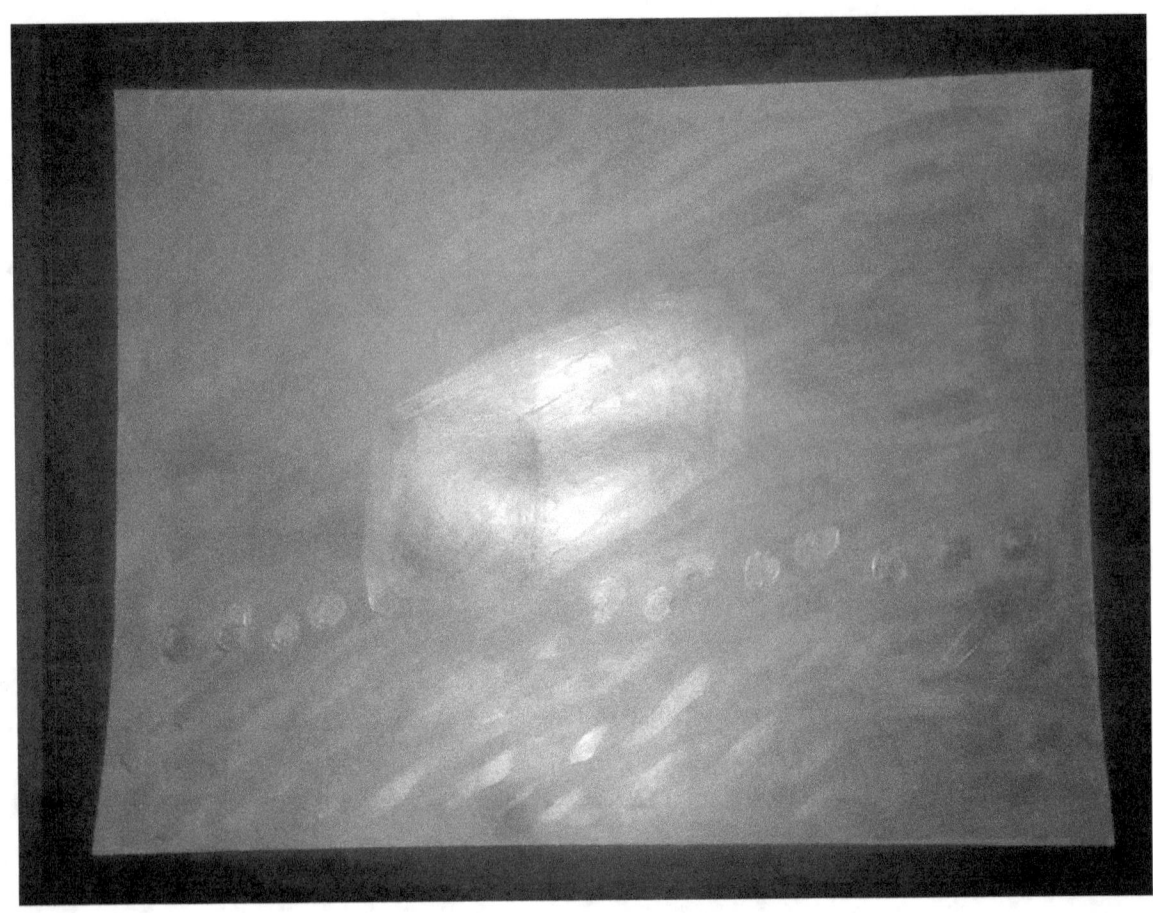

Silberbarren

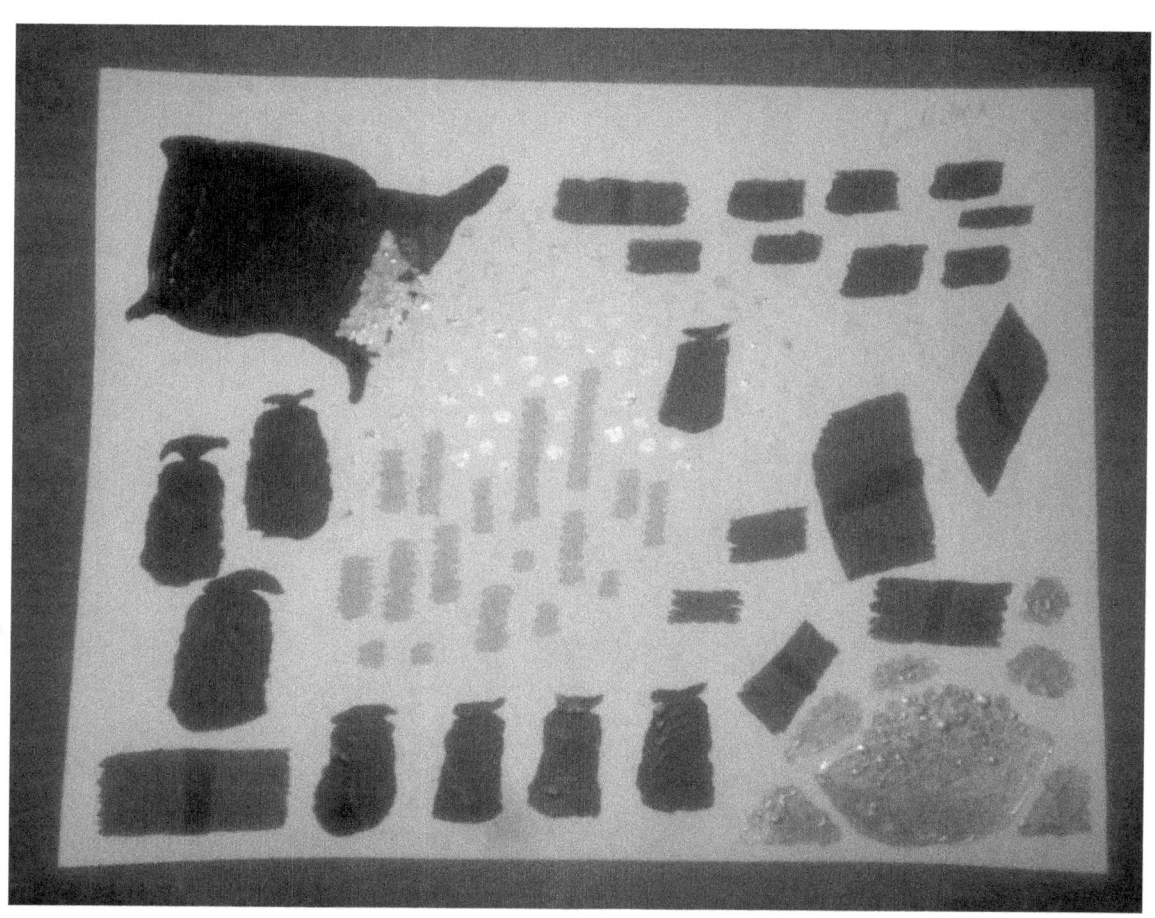

Das Geld

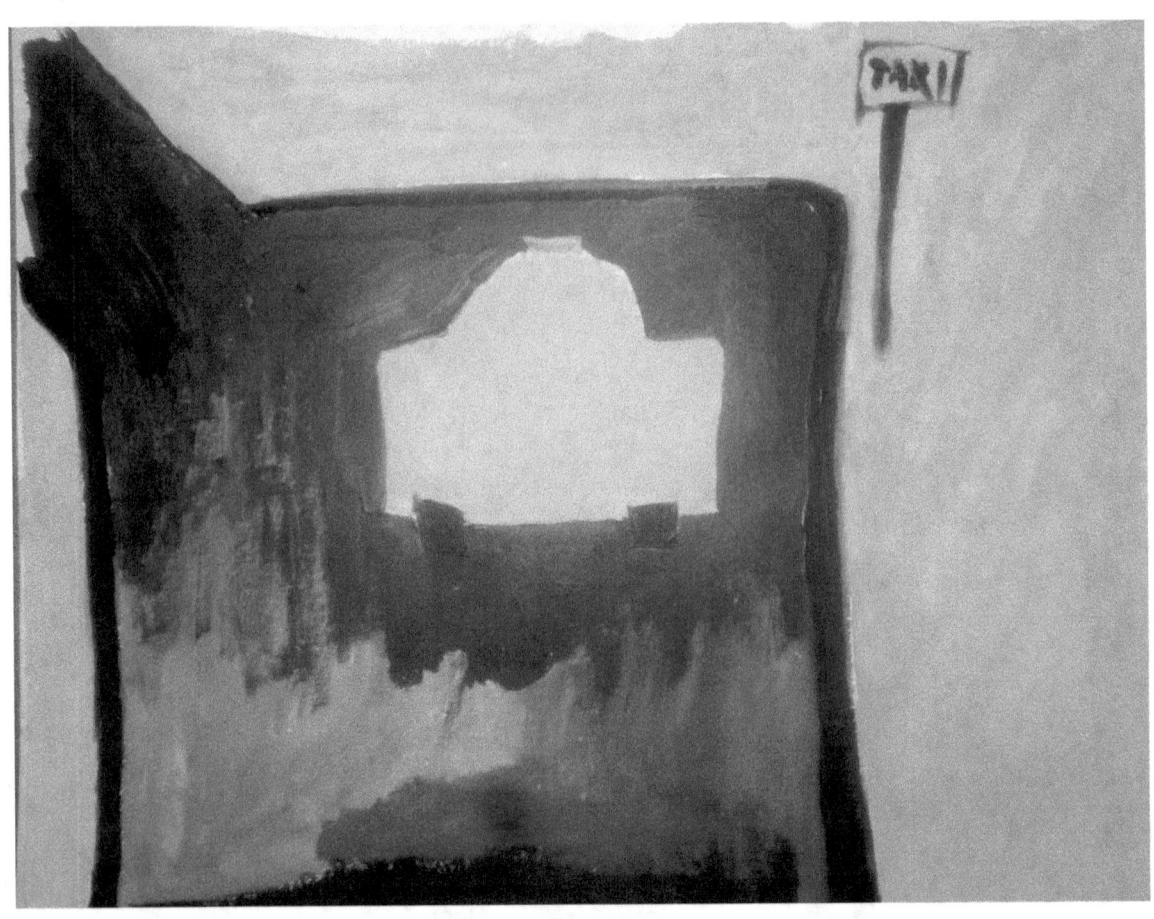

Der Taxistand

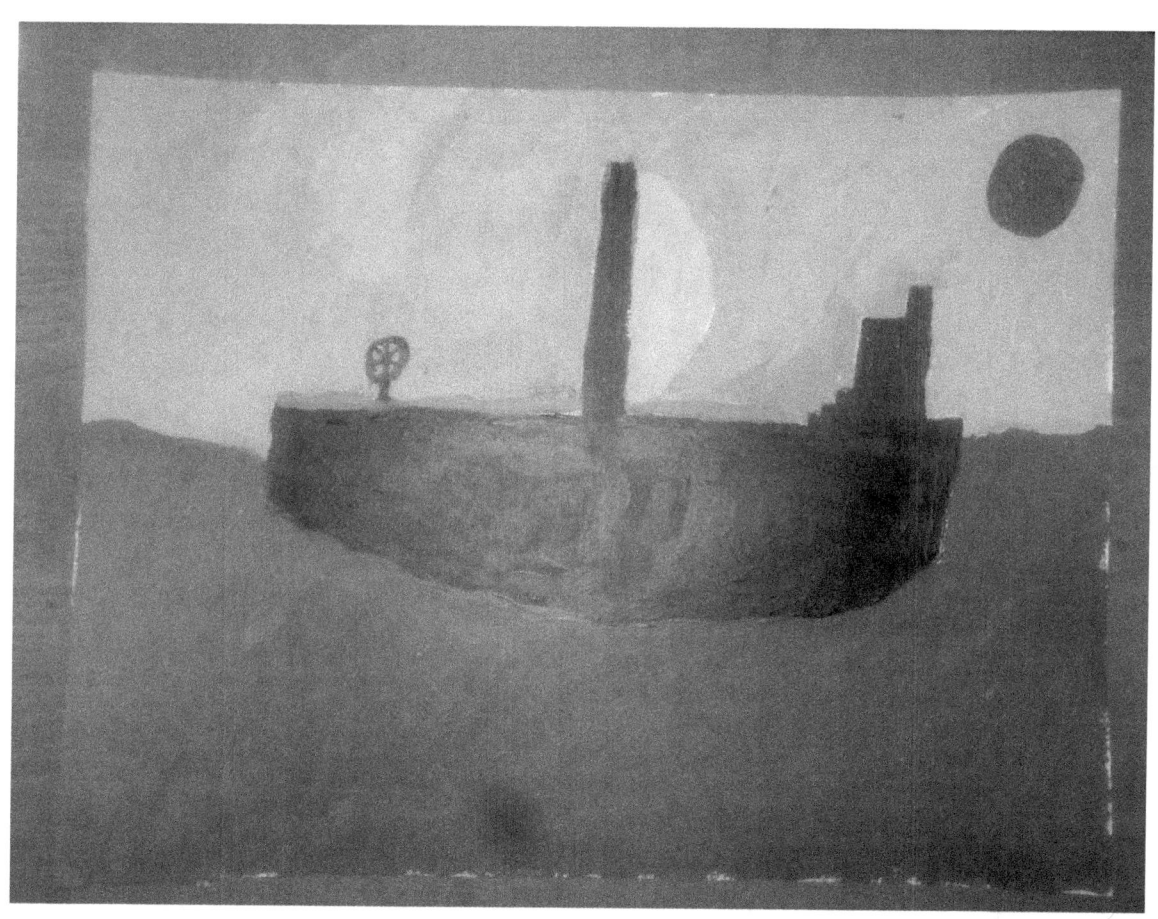

Schiff

Herstellung und Verlag:
BoD – Books on Demand, Norderstedt
ISBN: 978-3-7481-0283-0

www.ingramcontent.com/pod-product-compliance
Lightning Source LLC
Chambersburg PA
CBHW062210220526
45470CB00009B/2990